CONOCE TU GOBIERNO

¿Qué es el Colegio Electoral?

BALLOT

VOTE

SANTANA HUNT
TRADUCIDO POR ESTHER SARFATTI

Gareth Stevens
PUBLISHING

ENCONTEXTO

Please visit our website, www.garethstevens.com. For a free color catalog of all our high-quality books, call toll free 1-800-542-2595 or fax 1-877-542-2596.

Cataloging-in-Publication Data
Names: Hunt, Santana.
Title: ¿Qué es el Colegio Electoral? / Santana Hunt.
Description: New York : Gareth Stevens Publishing, 2018. | Series: Conoce tu gobierno | Includes index.
Identifiers: ISBN 9781482462685 (pbk.) | ISBN 9781482462692 (library bound) | ISBN 9781482462678 (6 pack)
Subjects: LCSH: Electoral college--United States--Juvenile literature. | Presidents--United States--Election--Juvenile literature. | United States--Politics and government--Juvenile literature.
Classification: LCC JK529.H83 2018 | DDC 324.6'3--dc23

First Edition

Published in 2018 by
Gareth Stevens Publishing
111 East 14th Street, Suite 349
New York, NY 10003

Translator: Esther Sarfatti
Editorial Director, Spanish: Nathalie Beullens-Maoui
Editor, English: Kristen Nelson
Designer: Samantha DeMartin

Photo credits: Series art MaxyM/Shutterstock.com; cover, pp. 1, 30 (map) Electric Crayon/DigitalVision Vectors/Getty Images; cover, p. 1 (voting box) Daniel Hurst Photography/Photographer's Choice/Getty Images; p. 5 MarshalN20/Wikimedia Commons; p. 7 Saul Loeb/AFP/Getty Images; p. 9 Robert King/Hulton Archive/Getty Images; p. 11 Alex Wong/Getty Images News/Getty Images; p. 13 South12th Photography/Shutterstock.com; p. 15 Bettmann/Bettmann/Getty Images; p. 17 Joseph Sohm/Shutterstock.com; p. 19 Joseph August/Shutterstock.com; p. 21 Hill Street Studios/Blend Images/Getty Images; p. 23 (both) k2 images/Shutterstock.com; p. 25 PAUL J. RICHARDS/AFP/Getty Images; p. 27 Kathryn Scott Osler/Denver Post/Getty Images; p. 29 Gino Santa Maria/Shutterstock.com; p. 30 Mike McDonald/Shutterstock.com.

Printed in the United States of America

CPSIA compliance information: Batch #CS17GS: For further information contact Gareth Stevens, New York, New York at 1-800-542-2595.

CONTENIDO

Las palabras del glosario se muestran en **negrita** la primera vez que aparecen en el texto.

El proceso

El Colegio Electoral no es un lugar. Es el **proceso** mediante el cual un grupo de personas llamadas electores votan por el presidente y el vicepresidente de Estados Unidos. Este proceso fue creado por la Constitución, la ley suprema de Estados Unidos.

SI QUIERES SABER MÁS

Algunos de los Padres Fundadores querían que los votantes eligieran directamente a su presidente, mientras que otros preferían que fuera el Congreso. El Colegio Electoral fue el **compromiso** al que llegaron.

LOS NÚMEROS HABLAN

El Congreso está constituido por el Senado y la Cámara de **Representantes**. A cada estado se le **asigna** un número de electores igual al número que tiene de senadores y representantes en el Congreso. El Colegio Electoral se compone de 538 electores. Cada elector tiene un voto electoral.

SESIÓN CONJUNTA DEL CONGRESO

SI QUIERES SABER MÁS

Aunque Washington, D.C., no es un estado, tiene tres votos electorales según la Vigesimotercera **Enmienda** de la Constitución de Estados Unidos.

¿QUIÉNES SON LOS ELECTORES?

La Constitución no dice quién puede ser elector. Los electores suelen ser líderes de partidos políticos dentro de cada estado. Muchas veces son personas que trabajan para el gobierno estatal o que tienen alguna conexión con el **candidato** presidencial.

La Cámara de Representantes de la Florida elige electores para el colegio electoral

SI QUIERES SABER MÁS

Un partido político es un grupo de personas que comparte las mismas creencias acerca de cómo debe funcionar un gobierno.

La forma de elegir a los electores depende de las leyes de cada estado. En la mayoría de los casos, el partido político del candidato elige a los electores. Cada candidato presidencial tiene un grupo de electores en cada estado que están dispuestos a votar por él.

SI QUIERES SABER MÁS

Según la Constitución, los miembros del Congreso no pueden ser electores. Aunque no está expresado de manera muy clara, mucha gente entiende que la Constitución dice que otros funcionarios del gobierno nacional tampoco pueden ser electores.

2016 DEMOCRATIC
NATIONAL CONVENTION
PUTTING FAMILIES FIRST
2016
DEMOCRATIC
NATIONAL
CONVENTION

NUESTROS VOTOS, SUS VOTOS

Las **elecciones** presidenciales en Estados Unidos tienen lugar cada cuatro años, el martes después del primer lunes de noviembre. Pero cuando la gente vota, ¡en realidad vota por los electores de sus candidatos! Algunos estados incluso ponen los nombres de los electores debajo de los nombres de los candidatos en la papeleta para votar.

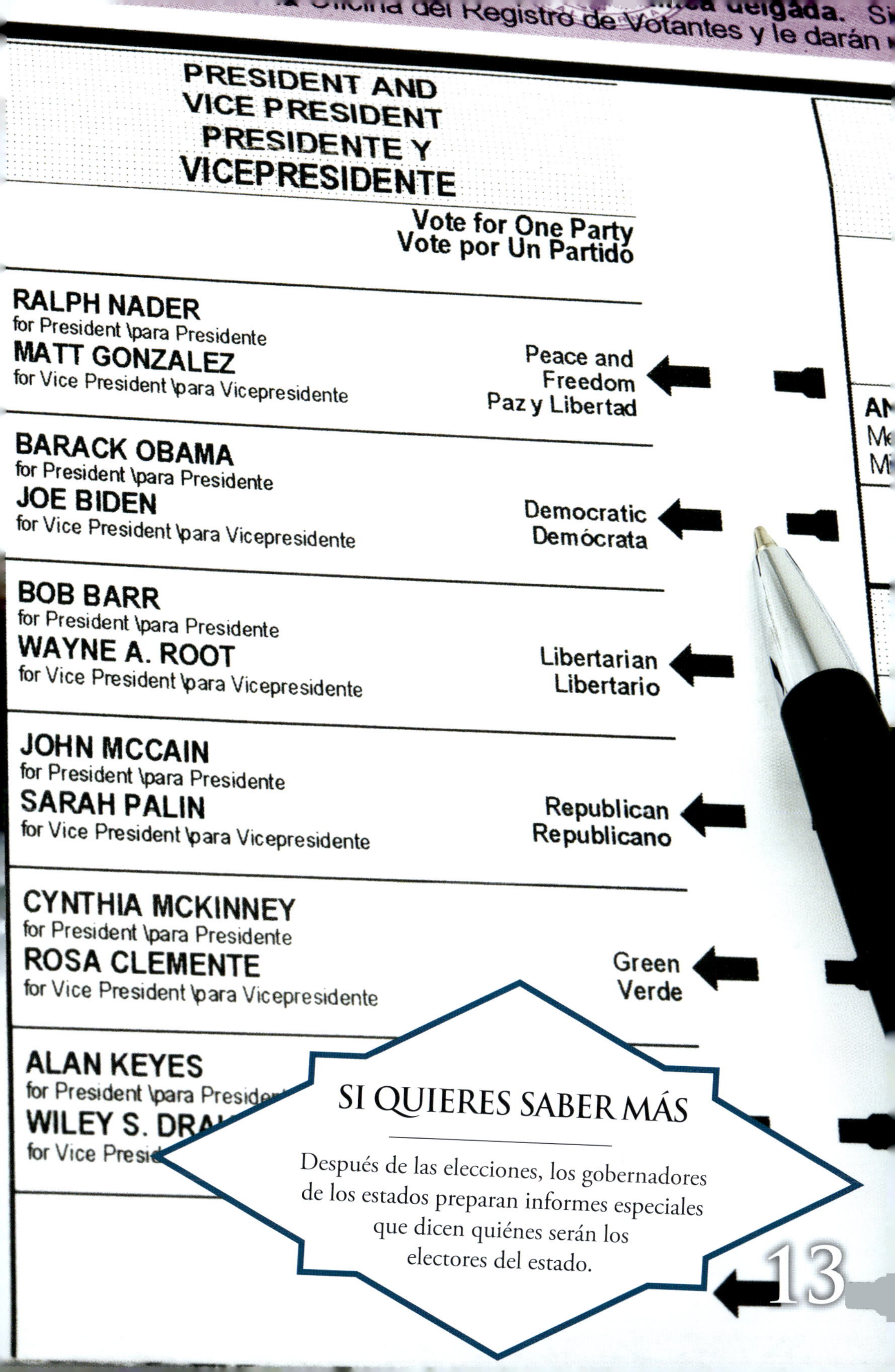

SI QUIERES SABER MÁS

Después de las elecciones, los gobernadores de los estados preparan informes especiales que dicen quiénes serán los electores del estado.

Washington, D.C., y 48 de los 50 estados dan todos sus votos electorales al candidato que gana el **voto popular** del estado. En Nebraska y Maine, los votos electorales se pueden dividir entre los candidatos.

SI QUIERES SABER MÁS

Cuando a un candidato se le adjudican todos los votos de un estado, se dice que "el ganador se lleva todo."

EL PRESIDENTE RONALD REAGAN
GANÓ EL VOTO POPULAR Y
489 VOTOS ELECTORALES EN 1980

El lunes siguiente al segundo miércoles de diciembre, los electores se reúnen en sus estados. Emiten un voto para elegir al presidente y otro para el vicepresidente. Un candidato necesita 270 votos electorales para ganar. Esto es un voto más de la mitad del total.

SI QUIERES SABER MÁS

A menudo los electores se reúnen en las capitales de sus estados.

EL VICEPRESIDENTE
AL GORE

¿POPULAR O ELECTORAL?

El candidato que gana el voto popular normalmente gana también el voto electoral. Sin embargo, algunos estados tienen más votos electorales que otros. Para ganar, un candidato no necesita los votos electorales de todos los estados. ¡Puede ganar con los votos de menos de la mitad de los estados!

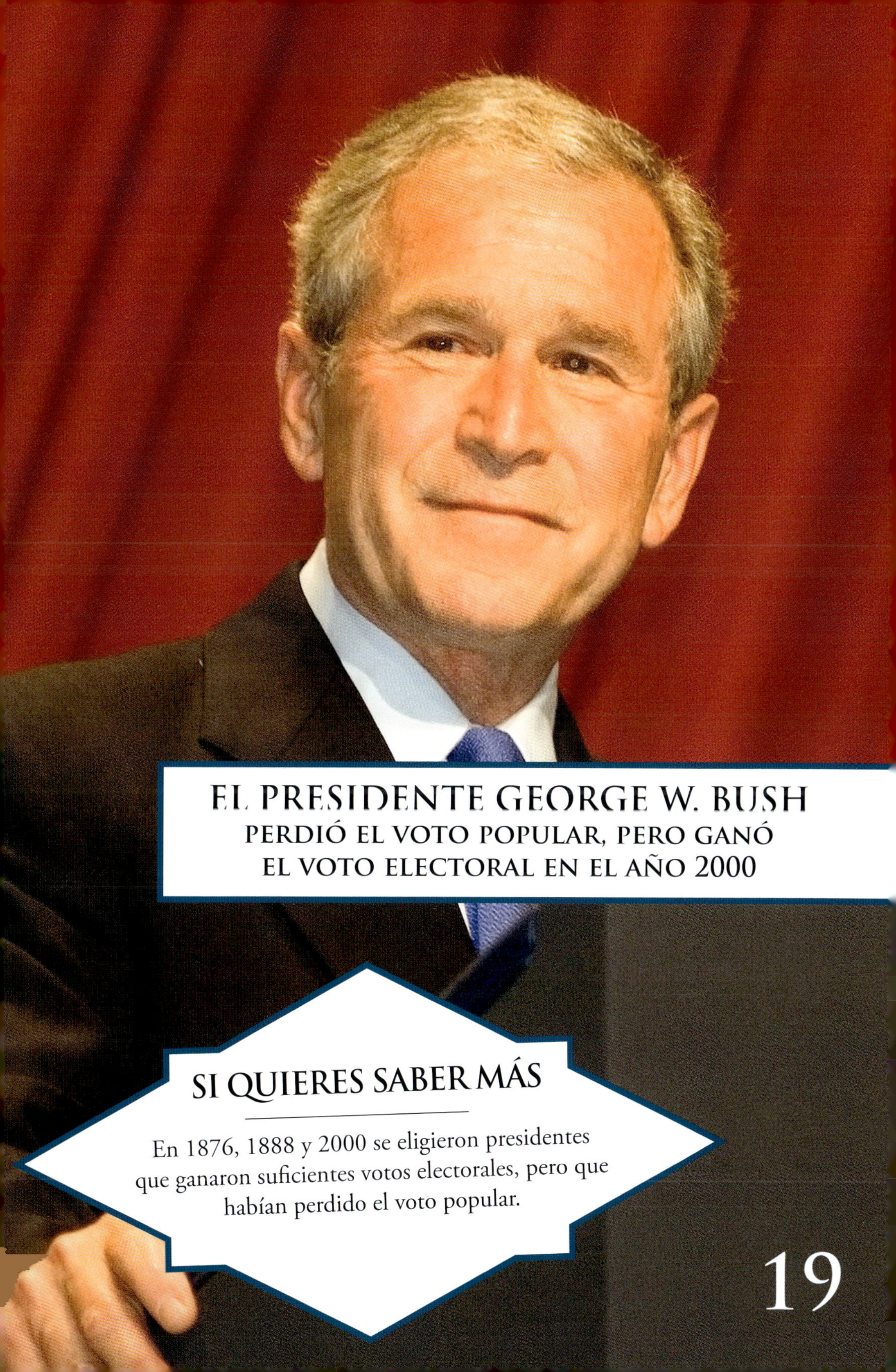

EL PRESIDENTE GEORGE W. BUSH PERDIÓ EL VOTO POPULAR, PERO GANÓ EL VOTO ELECTORAL EN EL AÑO 2000

SI QUIERES SABER MÁS

En 1876, 1888 y 2000 se eligieron presidentes que ganaron suficientes votos electorales, pero que habían perdido el voto popular.

Según las leyes de algunos estados, los electores tienen que votar por el candidato que ha ganado el voto popular. Otros electores se comprometen a votar por el candidato de su partido político. Es muy raro que un elector emita un voto diferente al esperado.

SI QUIERES SABER MÁS

Aunque algunos estados tengan leyes al respecto, no existe ninguna ley del gobierno estadounidense que diga que los electores tienen que votar según el voto popular de su estado.

VOTE
VOTE

¡TENEMOS UN GANADOR!

Los votos del Colegio Electoral se cuentan en el Congreso el día 6 de enero del año siguiente a las elecciones de noviembre. A continuación, el actual vicepresidente lee los resultados de los votos electorales para presidente y vicepresidente.

SI QUIERES SABER MÁS

Hoy en día, el presidente se presenta a las elecciones junto con un candidato a vicepresidente. Aunque se eligen a los dos candidatos juntos, los votos se emiten por separado.

EL PRESIDENTE
BARACK OBAMA

EL VICEPRESIDENTE
JOE BIDEN

¿Y qué pasa si ningún candidato consigue los 270 votos electorales? En tal caso, la Constitución de Estados Unidos dice que las elecciones presidenciales se deciden en la Cámara de Representantes donde cada estado emite un voto. En el Senado se vota por el vicepresidente.

SI QUIERES SABER MÁS

La Cámara de Representantes elige entre los tres candidatos presidenciales con la mayor cantidad de votos electorales.

MIEMBROS DE LA CÁMARA DE REPRESENTANTES

El futuro del Colegio Electoral

Desde principios del siglo XIX, ¡se ha planteado más de 700 veces una enmienda constitucional para cambiar el proceso del Colegio Electoral! Mucha gente preferiría votar directamente por el presidente y dejar que el voto popular decida quién sea el ganador.

SI QUIERES SABER MÁS

El proceso del Colegio Electoral hace difícil que llegue a la presidencia alguien de un partido político pequeño.

El Colegio Electoral ha elegido al presidente y al vicepresidente de Estados Unidos durante más de 200 años. Es posible que algún día se cambie el proceso del Colegio Electoral, ¡o que se elimine del todo! Mientras tanto, seguirá funcionando como hasta ahora.

SI QUIERES SABER MÁS

Hacer enmiendas a la Constitución es un proceso largo y complicado. Probablemente sea por eso que no ha sido aprobada ninguna enmienda referente al Colegio Electoral.

A FUTURE TO BELIEVE IN
BERNIESANDERS.COM
A FUTURE TO BELIEVE IN
BERNIESANDERS.COM

VOTOS ELECTORALES POR ESTADO

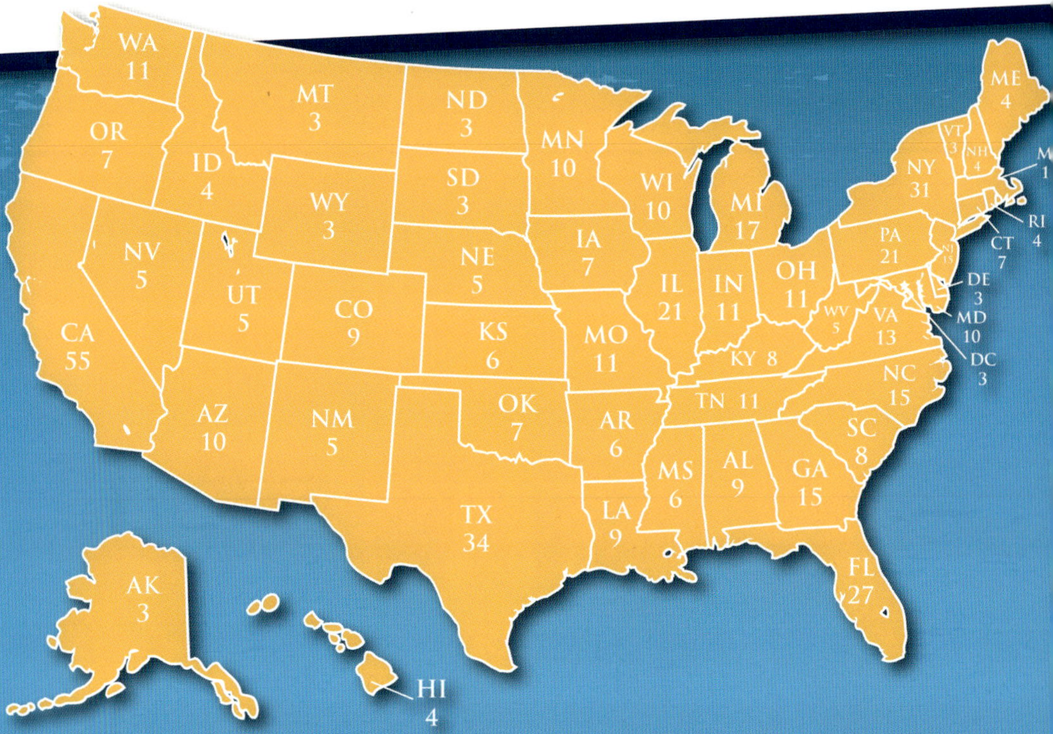

TOTAL DE VOTOS ELECTORALES: 538
VOTOS NECESARIOS PARA GANAR: 270

Glosario

asignar: determinar que a alguien le sea dada cierta cosa.

candidato: persona que pretende cierto cargo.

compromiso: acuerdo por el que quienes lo establecen se comprometen a algo.

elecciones: acción de votar por alguien para un cargo en el gobierno.

enmienda: un cambio o añadido a una constitución.

proceso: una serie de pasos o acciones que se realizan para completar algo.

representante: un miembro de un cuerpo legislativo que representa a los votantes, o actúa en su nombre.

voto popular: los votos emitidos por los que tienen permitido votar.

Para más información

Libros

Grayson, Robert. *Voters: From Primaries to Decision Night.* Minneapolis, MN: Lerner Publishing Group, 2016.

Harper, Leslie. *How Do Elections Work?* New York, NY: PowerKids Press, 2013.

Sitios de Internet

Elections 101

pbskids.org/zoom/fromyou/elections/elections101.html

Repasa el proceso electoral y aprende por qué es importante participar en él.

Sitios de Internet: Nota del editor a los educadores y padres: nuestro personal especializado ha revisado cuidadosamente estos sitios web para asegurarse de que son apropiados para los estudiantes. Muchos sitios web cambian con frecuencia, por lo que no podemos garantizar que posteriores contenidos que se suban a esas páginas cumplan con nuestros estándares de calidad y valor educativo. Tengan presente que se debe supervisar cuidadosamente a los estudiantes siempre que tengan acceso al Internet.

Índice